Made in the USA
Las Vegas, NV
31 January 2023

66571027R00057